AF204609

KIRSTEN BOIE

Aufruf zum Größenwahn

Warum Frauen den Mut haben sollten,
alles zu wollen

Mit Illustrationen von
Gina Rosas Moncada

ISBN 978-3-7160-0015-1

© Arche Literatur Verlag, ein Imprint der
Atrium Verlag AG, Zürich 2024
© Text: Kirsten Boie 2024
© Umschlaggestaltung sowie sämtliche Illustrationen:
Gina Rosas Moncada 2024
Alle Rechte vorbehalten
Gesetzt aus der New Baskerville
Druck und Bindung: CPI books GmbH, Leck
Printed in Germany

www.arche-verlag.de
Facebook: ArcheVerlag
Instagram: arche_verlag

www.kirsten-boie.de

Die folgende Rede hat Kirsten Boie
aus Anlass des Internationalen Frauentags
am 8. März 2020 beim Senatsempfang
im Großen Festsaal des Hamburger Rathauses
gehalten.
Für dieses Buch hat die Autorin die Rede
leicht überarbeitet und ergänzt.

»I am a storyteller« – mit diesen Worten beginnt die großartige nigerianische Autorin und Feministin Chimamanda Ngozi Adichie (manche von Ihnen kennen vielleicht ihren Bestseller *Americanah*) einen Vortrag in Oxford, und ich mache es ihr nach. Auch ich bin eine Geschichtenerzählerin, und Geschichten möchte ich Ihnen darum heute erzählen: Geschichten aus meinem Leben als Frau in Deutschland, Geschichten aus über siebzig Jahren, in denen viel passiert ist – wenn auch längst nicht genug.

Als ich 1950 geboren wurde, hatte man nicht einmal ein Jahr vorher auf Drängen von Elisabeth Selbert, einer von nur vier weiblichen Abgeordneten unter den fünfundsechzig des Parlamentarischen Rates, den Satz »Männer und Frauen sind gleichberechtigt« in das neue Grundgesetz der

Bundesrepublik Deutschland aufgenommen – gegen zunächst vehementen Widerstand der männlichen Mitglieder; Widerstand nicht etwa, weil die Männer sich gegen die Gleichberechtigung ausgesprochen hätten, sondern weil sie fröhlich behaupteten, die gäbe es in Deutschland doch sowieso.

Im Alltag wie im Gesetz sah das allerdings sehr anders aus, das wissen Sie: Wollte eine Frau berufstätig sein, brauchte sie dafür bis 1977 die Genehmigung ihres Mannes, bis 1958 sogar, wenn sie nur einen Führerschein machen wollte; und als zwei meiner Cousinen, schlau und tüchtig, auf Anraten der Lehrerin und Wunsch der Mutter das Gymnasium besuchen wollten, erklärte mein Onkel kategorisch: »Wat schall dat? De Deern ward mol Husfru!«, und schickte beide zur Volksschule. Es gab keine Möglichkeit, dagegen Einspruch zu erheben: Das Gesetz regelte bis 1959 den sogenannten »väterlichen Stichentscheid«, der dem Vater das Recht zusprach, über die Schulwahl des Kindes zu bestimmen; es galt generell die alleinige gesetzliche Vertretung des Kindes durch den Vater.

All das war tatsächlich, Grundgesetz hin oder her, noch im wahrsten Sinne mittelalterlich. Denn damals blieb die Frau ihr Leben lang ein Mündel: Zuerst des Vaters, dann des Ehemannes – bei der Hochzeit symbolisiert durch die Übergabe der Braut vom Vater an den Bräutigam; weshalb es mir heute, wo dieses Ritual über amerikanische Filme wieder in Mode gekommen ist, manchmal schwerfällt zuzusehen.

Aber wenn die rechtliche Situation 1950 für Frauen in vielem auch mittelalterlich war: Ganz so handzahm wie vor dem Krieg und in der Zeit des Nationalsozialismus waren die Frauen nicht mehr. Sie wissen vom Ideal der deutschen Mutter, die dem Führer möglichst viele Kinder schenkte, ihr eigenes Leben nur ihnen und damit dem Führer weihte und dafür das Mutterkreuz in Bronze, Silber oder Gold bekam: Eine andere Rolle stand den Frauen nicht zu, und noch heute sehen wir etwa im Begriff der »Rabenmutter«, den es in anderen Sprachen nicht gibt, Nachklänge dieser Rollenzuschreibung. Auch die im Vergleich mit den Nachbarländern jahrzehntelang schwächere Versorgung mit Kitaplätzen hängt natürlich mit diesem Mutterideal zusammen.

Während des Krieges allerdings, als die Männer an der Front waren, hatten die Frauen dann doch, dem offiziellen Ideal zum Trotz, die Arbeit in Behörden und Fabriken übernehmen müssen, und auch nach dem Krieg ging es noch eine ganze Weile so weiter – denken Sie an die immer wieder fotografierten Trümmerfrauen. Mehr als fünf Millionen deutsche Soldaten waren gefallen, dazu insgesamt elf Millionen in Kriegsgefangenschaft, die Wirtschaft brauchte die Frauen. Diese Erfahrungen hatten natürlich am Frauenbild gerüttelt, nur dass das zunächst noch nicht zu Veränderungen führte, weder im Alltag noch in der Gesetzeslage. Denn sobald die Männer nach und nach – bis 1956 – aus der Gefangenschaft zurückkehrten, kehrte man stillschweigend auch zur »normalen« Rollenverteilung in der Gesellschaft zurück. Die Männer waren berufstätig, die Frauen legten wieder, sobald sie einen Ring am Finger trugen, die Arbeit nieder, selbst wenn keine Kinder da waren.

»Soll noch einer sagen, ich könnte meine Familie nicht ernähren!«, sagten die Ehemänner, und Sie wissen ja: Die durften entscheiden. In vielen Bundesländern wurden sogar, waren in einer Ehe Mann und Frau beide Beamte, die Frauen auch gegen ihren Willen entlassen, um Platz zu machen für einen Mann, der ja unter Umständen eine Familie zu versorgen hätte.

Das also war die Situation, in die ich hineingeboren wurde und die mir so selbstverständlich und gottgegeben erschien, wie allen Kindern ihr Leben zu-

14

nächst erscheint. Meine Mutter war zu Hause und kümmerte sich um meinen Bruder, unsere kleine Wohnung und mich, mein Vater sorgte für das Geld. So war es richtig. So gehörte es sich.

Allerdings war auch mein Vater stolz, als ich mit neun Jahren als Erste in der Familie die Prüfung fürs Gymnasium schaffte; und während meiner gesamten Schulzeit wurde niemals infrage gestellt, dass ich – das hoffte man doch! – einmal studieren und danach in meinem Studienberuf arbeiten würde. Im Gegensatz zu meinen Cousinen und vermutlich vielen anderen Mädchen der damaligen Zeit hatte ich also großes Glück. Dass meine zukünftigen Möglichkeiten vielleicht geringer sein könnten als die gleichaltriger Jungs, kam mir, die ich ein Mädchengymnasium besuchte, deshalb auch nie in den Sinn. Ich las wie verrückt, ich begriff, was das Leben alles zu bieten hatte, und der Gedanke, für Mädchen könnte das eventuell weniger sein, kam mir nicht ein einziges Mal.

Eins der Bücher, die ich leidenschaftlich verschlang, war die Biografie der zweifachen Nobelpreisträgerin Marie Curie. Ohnehin liebte ich den Chemieunterricht, der in seiner Einfachheit mit dem heutigen nicht ansatzweise vergleichbar war, ich lieh mir Bücher über Chemie aus der öffentlichen Bücherhalle aus und setzte mir das Lebensziel, das Geheimnis der damals gerade erst entdeckten DNA endgültig zu entschlüsseln. Ich würde Chemikerin werden.

Dann allerdings besuchte unsere Klasse die Berufsberatung des Hamburger Arbeitsamtes, und dort erfuhr ich: Die DNA erforschen könnten nur

Männer. Chemiker, womöglich Chemieprofessor werden könne man nur als Mann. Aber wenn mich das Thema erstaunlicherweise so interessiere, dann hier: Ein Infoblatt mit Fotos über den Beruf der chemisch-technischen Laborantin.

Warum habe ich der Berufsberaterin damals ohne Widerspruch das Blatt abgenommen? Warum habe ich – Laborantin sein wollte ich nicht, ich wollte forschen! – es sofort im Anschluss in den Müll geworfen, aber keine Sekunde lang daran gedacht, trotzdem Chemie zu studieren? Bei aller unbewussten Überzeugung, dass man als Frau im Leben natürlich alle Chancen hätte, war offenbar die ebenso unbewusste Überzeugung, dass es nun mal festgelegte Rollen gäbe, an denen auch nicht zu rütteln wäre, um einiges stärker. Und nein, ungerecht gefunden habe ich das kei-

neswegs. So war es eben. So war es dann wohl richtig. So gehörte es sich.

Wenn Sie jetzt erschüttert sind über meinen
mangelnden Kampfgeist und mein trostlos un-
feministisches Bewusstsein, bedenken Sie bitte:
Die neue Frauenbewegung schlich sich, aus den
USA kommend, gerade erst an, und uns Schüle-
rinnen hätte sie zu dem Zeitpunkt – es gab ja kein
Internet – auch nur durch Zufall erreichen können. Denn die Spalten der Zeitungen füllte das
Thema damals keineswegs.

Im Studium begegnete sie mir Anfang der sieb-
ziger Jahre dann natürlich mit Macht und krem-
pelte viele meiner Überzeugungen um. Trotzdem – und das ist natürlich grotesk! – fand ich
alles, was ich da so las und diskutierte, zwar grau-
envoll unfair, glaubte aber im tiefsten Inneren

immer noch, dass es mich und mein Leben eigentlich nicht beträfe. Ich würde einen guten Abschluss machen und danach leben, wie, und werden, was ich wollte. Ich hatte nichts verstanden.

Erst, als ich mich dann nach meinem 2. Staatsexamen als Lehrerin dem Schulleiter eines Hamburger Gymnasiums vorstellte, arrogant überzeugt, er würde mich wegen meiner doch ziemlich guten Noten mit Begeisterung willkommen heißen, wurde ich mit einem Schlag auf den Boden der Realität gezerrt. Ob ich denn vorhätte, Kinder zu haben, fragte der Herr hinter dem Schreibtisch – eine Frage, die damals vielleicht schon ebenso wenig zulässig war, wie sie es heute ist, aber nicht allzu überraschend, wenn man bedenkt, dass erst zwanzig Jahre vorher das letzte Bundesland den bis dahin gesetzlich festgeschriebenen Lehrerinnenzölibat abgeschafft hatte. Junge Kolleginnen, die Kinder bekämen und für eine Weile mit der Berufstätigkeit aussetzten, brächten den Schulalltag immer so furchtbar durcheinander. Es leuchte sicher ein, dass männliche Lehrer, auch im Interesse der Schüler – eigentlich nur in deren Interesse! –, darum willkommener seien.

Auf der Heimfahrt hatte ich zum ersten Mal in meinem Leben eine Panikattacke und fand nur mit Mühe nach Hause zurück. Erst in diesem Schulleiterzimmer war mir bewusst geworden, dass die Frage *Mann oder Frau?* auch für mein Leben entscheidend war. Meinen Mann hatte niemand nach seinem Kinderwunsch gefragt.

Und das war erst der Anfang. Als wenige Jahre später mein Mann und ich unser erstes Kind nur Tage nach seiner Geburt zur Adoption aufgenommen hatten und ich nach der Familienpause zurück in den Beruf wollte, meldete sich das Jugendamt. Zwei Wochen hatte ich schon wieder als Lehrerin gearbeitet, da wurde mir in mehreren Telefonaten vermittelt, dass es so aber nun wirklich nicht gehe. Eine Mutter sei schließlich eine Mutter und gehöre nach Hause zu ihrem Kind.

Ich glaube nicht, dass das Jugendamt uns unseren Sohn tatsächlich wieder weggenommen hätte – das habe ich auch damals nicht wirklich geglaubt. Da mein Mann und ich aber von ebendiesem Jugendamt ein zweites Kind wollten, das es einer so unmütterlichen Frau ganz sicher nicht gegeben hätte, habe ich mich gebeugt, zähneknirschend, wütend und auch verzweifelt – denn mein Lebenskonzept hatte ganz anders ausgesehen. Damit wusste ich endgültig, dass die Spielregeln für

Männer und Frauen in unserer Gesellschaft keineswegs dieselben waren. Da mochte das Grundgesetz behaupten, Mann und Frau seien gleichberechtigt, soviel es wollte: Von meinem Mann
hatte niemand verlangt, dass er zu Hause blieb.

Für mich hat das damals bedeutet, dass ich
klammheimlich angefangen habe, Bücher zu
schreiben. Mit einer gewissen Schadenfreude,
denn dabei, war ich mir sicher, würde das Jugendamt mir nicht auf die Schliche kommen. Groteske
Gender-Erwartungen haben in meinem Leben
also an einem ganz entscheidenden Punkt die
Weichen gestellt, und man könnte ja sagen: Dann
sei doch froh! Aber was ist mit all den Frauen, von
denen ich seither Ähnliches erfahren habe und
die nicht die Alternative hatten, die sich mir un-
geplant eröffnete?

Inzwischen, habe ich gehört, wird mit dieser Frage anders umgegangen. Frauen dürfen nach einer Adoption wieder arbeiten, und auch die Männer dürfen zur Kinderbetreuung zu Hause bleiben. Ein Fortschritt also. Bei allem, was noch passieren muss und was wir noch durchsetzen müssen, ist doch in den letzten Jahrzehnten schon viel geschehen. Ich denke zum Beispiel an Quotenregelungen, wo es sie gibt. »Sollte nicht eigentlich der Beste eingestellt werden?«, wird dann immer noch häufig gefragt. Na klar! Aber wieso sollte die Beste denn nicht eine Frau sein? Erst durch die Quotenregelung gewöhnen wir uns daran, Frauen in Politik und Wirtschaft in Positionen zu finden, die früher den Männern vorbehalten waren, erst dadurch können wir ja beweisen, dass wir diese Positionen ebenso gut ausfüllen, und häufig ermutigt die Quote eine Frau überhaupt erst dazu, sich als Allererste auf einen Posten zu bewerben, auf dem man bisher nur Männer gesehen hat. »Der größte Fehler der Frauen ist ihr Mangel an Größenwahn«, hat in Anlehnung an einen Satz aus Irmtraud Morgners Roman *Trobadora Beatriz* lange als Ermahnung bei mir über dem Schreibtisch gehangen. Dies, liebe Frauen, ist vielleicht unser eigener Anteil daran, wenn sich die Dinge nicht schnell genug bewegen.

Und wir müssen unsere Kinder bewusster erziehen. Ich muss Ihnen nicht erzählen, dass mein Mann und ich beharrlich versucht haben, unseren Sohn mit Puppen auszustatten und unsere Tochter mit Autos und mechanischem Spielzeug. Trotzdem waren wir in der Kinderzeit häufig verblüfft über Äußerungen, Wünsche und Verhaltensweisen unserer Kinder.

In unserer Familie war damals hauptsächlich ich für kleinere handwerkliche Tätigkeiten zuständig: Ich habe Regale in Wände gedübelt, Lampen angebracht, und noch vor einigen Jahren habe ich die Wohnung meiner Tochter eigenhändig tapeziert – ganz komplizierte Mustertapete! Auf all diesen Gebieten hatte ich einen ziemlichen Ehrgeiz. Trotzdem überraschte mich mein dreijähriger Sohn, der doch all das immerzu beobachtet hatte, bei einem Spaziergang durch die Felder hinter unserem Haus. Nachdenklich blieb er stehen, sah einem Trecker hinterher und sprach die für mich aufschlussreichen Sätze: »*Männer* dürfen nur Trecker fahren. *Männer* dürfen auch nur Geige spielen.« Wie kam er dazu? Im Fernsehen lief damals ein Werbespot für Sahnebonbons, in dem ein Geige spielender Großvater zu sehen war. Andere Geiger hatte mein Sohn noch nicht kennengelernt. Und mir wurde klar: Die Familie kann bestimmt einiges tun – über das Bild, das Kinder sich davon machen, wie ihre Rolle als Mädchen oder Junge, Mann oder Frau korrekt ausgefüllt wird, entscheidet allerdings die ganze Gesellschaft, entscheidet der erlebte Alltag.

Hinter unserem Garten liegt eine Kita mit Krippe, und manchmal, wenn lauter Lärm die Ankunft eines Müllautos ankündigt, machen die freundlichen Erzieherinnen mit den unter Dreijährigen einen Ausflug von sechzig Metern an den Straßenrand der Sackgasse. Da stehen sie dann mit großen Augen, den Daumen im Mund, Jungen wie Mädchen, und sehen den starken Männern zu, die die Mülltonnen zum Wagen rollen und hochwuchten, beobachten fasziniert, wie das Müllauto mit gefährlichem Geknirsche den Inhalt schluckt. Und jeder von uns, der schon einmal mit einem kleinen Kind durch die Straßen gegangen ist, kennt die Faszination von Baustellen: Stundenlang können Kinder da den Baggern zusehen, den Kränen, den heldenhaften Männern, die auf Gerüsten herumklettern. Was passiert dabei in ihren Köpfen? Müssen sie alle nicht ganz früh die Überzeugung gewinnen: Die eindrucksvollen Sachen, die großen Maschinen sind offenbar nur für Männer, Frauen hab ich da nie gesehen? Müssen die kleinen Mädchen sich nicht nach ein paar solcher Beobachtungen enttäuscht eingestehen, dass all diese tollen Dinge in der Zukunft nicht für sie gedacht sind, während die kleinen Jungs, die noch nicht einmal über die Kante des Esstischs gucken können und im Alltag täglich ihre eigene Ohnmacht erleben, ein bisschen sicher mit Vorfreude, vor allem aber erschrocken begreifen: Da kommt eine Anforderung auf sie zu, der sie sich überhaupt nicht gewachsen fühlen? Und müssen die kleinen Jungs nicht vielleicht gerade deshalb auf oft fast unerträgliche, oft natürlich auch belustigende Weise immerzu demonstrieren, wie stark sie sind – nicht zuerst, um die anderen zu überzeugen, sondern vor allem sich selbst?

Denn schon mit etwa sechs Monaten sind Säuglinge in der Lage, männliche und weibliche Stimmen zu unterscheiden. Mit zwei Jahren verstehen Kinder, was Geschlecht ist, und mit drei Jahren wissen sie in der Regel, zu welchem sie gehören. Sie beginnen, Informationen darüber zu sammeln, was also von ihnen erwartet wird; und da orientieren sie sich eben eher an der sie umgebenden Gesellschaft als an der Familie – das ist ähnlich wie bei Kindern aus migrantischen Familien, die sich bei der Sprachentwicklung nicht am gebrochenen Deutsch von Mama und Papa orientieren, sondern an der Sprache der anderen Kinder und der Erzieher:innen in der Kita. Das hat die Natur klug eingerichtet – in der Genderfrage allerdings fällt es uns manchmal auf die Füße. Glück haben Familien, die in einem Umfeld leben, in dem auch andere Familien ihren Töchtern nicht nur pinke Jacken und Schulranzen kaufen; und seit der *Eiskönigin* bin ich Disney zum ersten Mal dankbar, weil im Film Elsas Farbe tatsächlich Blau ist – das erweitert das Spektrum doch schon mal ein wenig.

Womit wir bei der Bedeutung der Medien für diese Fragen wären – also auch der Bedeutung von Kinderbüchern, und es wird Sie nicht wundern, dass mich dieses Thema in den fast vierzig Jahren, die ich jetzt für Kinder schreibe, ständig beschäftigt hat.

Im Kinderbuch sehen wir seit einiger Zeit eine interessante Entwicklung. Zum einen finden sich ganze Buchreihen verschiedenster Verlage unter dem Label *Nur für Jungs!*, *Nur für Mädchen!*, und nicht nur in den Geschichten, auch in der Gestaltung wird das auf den ersten Blick deutlich: Pink und Glitzer für die Mädchen, eher dunkel und spannungsgeladen für die Jungs.

Zielstrebig steuern Kinder in Buchhandlungen und Büchereien nun auf das zu, was da für sie gemeint ist. Dabei sind Kinder, die mit ihren Eltern

Büchereien und Buchhandlungen besuchen, ja häufig gerade diejenigen, bei denen zu Hause tapfer versucht wird, Rollenklischees entgegenzuwirken. Ausgerechnet in der Buchhandlung begegnen sie dann aber wieder Büchertischen, deren Bücher nicht signalisieren: *Wir alle sind spannend! Such dir aus, was dir gerade gefällt! Alles ist für alle da, alles ist für alle möglich!,* sondern von vornherein deutlich machen. *Wir sind passend für Mädchen, Wir sind passend für Jungs.* Und indirekt damit auch: Alles im Leben ist entweder passend für die Einen – oder für die Anderen.

Großartig ist darum, dass sich jugendliche Buchblogger:innen mittlerweile zusammengeschlossen und an eine große Kette gewandt haben mit der Aufforderung, Gendertische abzuschaffen.

Während also einerseits mit Pink gepunktet wird wie verrückt, haben wir andererseits eine zunehmende Zahl von Kinderbüchern, die ganz bewusst gegenzusteuern versuchen. Da rettet dann die starke Prinzessin den schwachen, ängstlichen Prinzen, eine Frau steuert eine Rakete, Papa putzt und Mama repariert das Auto: Gut so! Ich frage mich aber, ob allein die Behauptung der Geschichte ausreicht. Sie muss auch glaubhaft sein. Was einfach mit Kalkül erzählt ist und dabei so tut, als gäbe es die realen Alltagserfahrungen der Kinder nicht, wird vielleicht keine allzu große Wirkung entfalten können. »So ist das in dieser Geschichte, guck mal an, komisch!«, sagt dann das Unterbewusstsein der Kinder. »Voll anders als bei uns.« Denn es weiß, Geschichten sind eben Geschichten – da gibt es ja auch Drachen und

Hexen! –, und das Leben ist das Leben, und eins hat mit dem anderen nicht viel zu tun. Trotzdem wünsche ich mir natürlich viele dieser Bücher. In der Summe können sie sicher etwas bewirken.

Und in meinen eigenen Büchern? In den Geschichten vom kleinen Ritter Trenk ist es – wenn man mal genau hinliest! – immer Trenks Freundin Thekla, die, sei es mit der Erbsenschleuder, sei es mit Witz, Probleme löst; interessanterweise scheint das auch die kleinen Jungs nicht zu stören, oder vielleicht bemerken sie es gar nicht.

Wichtig ist mir immer gewesen, dass Kinder in Büchern die Erfahrung machen: Es gibt für Jungs und Mädchen kein Richtig oder Falsch – und auch das Gegenteil der derzeitigen Rollenerwartung ist nicht automatisch richtig. Mädchen müssen nicht auf einmal nur noch MINT-Fächer studieren, Mechatronikerinnen werden und Jungs Erzieher und Altenpfleger – Entscheidungen übrigens, die weitgehend auch aufgrund des Gehalts getroffen werden: Welchen Jugendlichen lockt denn bei der Berufswahl das geringe Einkommen als Erzieher oder Altenpfleger? In den sogenannten Frauenberufen zeigt sich bis heute, dass die Frau eben nicht die Familie ernähren, sondern nur ein Zubrot verdienen sollte, und sich damit jahrzehntelang zufriedengegeben hat.

Ich will keine wie auch immer festgelegten Rollenzuschreibungen. Auch den Jungen nehmen wir ja von Anfang an viele Möglichkeiten. Und für Kinder, die ganz früh spüren, dass sie in keins der beiden Geschlechterschemata passen und die später in Fragebögen *divers* anklicken werden, wird es bei einer solchen Offenheit sehr viel einfacher, ihre Rolle frei zu denken.

Ich merke zu meiner großen Freude, dass die Dinge längst nicht mehr so starr sind. Über Jahrzehnte lautete ein unumstößliches Gesetz der Kinderliteratur, dass zwar Mädchen durchaus auch Bücher mit männlichen Protagonisten lesen, für Jungen das Umgekehrte aber keineswegs gilt. Mit einem Mädchen, hieß es, wollten Jungs sich nicht identifizieren. Und auch der Autor sollte möglichst männlich sein, sonst würden sie ein Buch gar nicht erst anrühren. Noch 1997, beim Erscheinen des ersten *Harry Potter*-Romans, durfte Joanne Kathleen Rowling nur mit den Anfangsbuchstaben ihres Vornamens fungieren: J. K. Man befürchtete, sonst von vornherein einen großen, den männlichen, Teil der Käuferschaft abzuschre-

cken. Zu meinen *Möwenweg*-Büchern, die von der neunjährigen Tara erzählt werden, einem Mädchen also, bekomme ich aber inzwischen ungefähr gleich viel Post von beiden Geschlechtern. Da bewegt sich eben doch etwas.

Eine neuere Untersuchung bestätigt genau das: Sie zeigt sogar, dass Mädchen inzwischen nur noch Bücher mit weiblichen Protagonistinnen lesen möchten, während Jungs durchaus bereit sind, sich auf eine weibliche Hauptfigur einzulassen, es muss nicht mehr unbedingt ein Junge sein. Die Gründe dafür kennen wir nicht, und ob wir uns darüber nur freuen sollten – nun schränken die Mädchen sich wieder selbst ein, während die Jungen ihre Möglichkeiten erweitern! –, weiß ich noch nicht.

»Wenn ich das will, dann kann ich das auch«,

wird Seeräubermoses, die als Baby von einer wilden Seeräuberbande aus dem Meer gerettet und von ihr aufgezogen wird, am Ende des Buches sagen. Das genau ist es, was ich mir für Jungs wie für Mädchen wünsche. Mädchen können Seeräuberhauptmann und gleichzeitig Prinzessin werden – und Jungs auch; wobei es für sie, zugegeben, immer noch ein bisschen schwierig ist, ohne Diskriminierung Prinzessin zu sein.

Wenn Sie nachher das Hamburger Rathaus verlassen, finden Sie in der Eingangshalle zwölf Säulen mit den Porträts von vierundsechzig bedeutenden Hamburgerinnen und Hamburgern. Nur eine davon, ziemlich in der Ecke, ist eine Frauensäule – und alle fünf Frauen darauf waren – anders als die Männer! – Beispiele für Mildtätigkeit und Opferbereitschaft. Nur sieben Prozent

Frauen – so ist das auf den Säulen in diesem Haus. In der Hamburgischen Bürgerschaft jedoch beträgt der Frauenanteil nach der letzten Wahl fast sechsundvierzig Prozent. Fortschritt!

Aber wie fragil dieser Fortschritt sein kann, zeigt sich, wie so häufig, in Krisenzeiten. Während der Coronapandemie waren es die Frauen, die die Hauptlast getragen haben: Sie haben sich um die Kinder im Homeschooling gekümmert, während sie gleichzeitig unter teilweise extremen Bedingungen im Homeoffice gearbeitet haben; fünfundzwanzig Prozent der Frauen gaben bei einer Umfrage an, ihre berufliche Arbeitszeit deshalb reduziert zu haben. Bei den Männern waren es nur halb so viele.

Und natürlich sind sie es, die sich – auch außerhalb von Krisen – nach wie vor hauptsächlich um pflegebedürftige Angehörige kümmern: Mildtätigkeit und Opferbereitschaft, auch wenn wir sie inzwischen Care-Arbeit nennen, bleiben auch heute noch beinahe selbstverständlich zunächst Aufgaben der Frauen.

Selbst in Familien, wo es so aussieht, als wären die Aufgaben von Mann und Frau vollkommen gleichmäßig verteilt – gleiche Stundenzahl in der Erwerbsarbeit, zeitlich gleiches Engagement für die Kinder –, zeigt sich beim genaueren Hinsehen oft schnell, dass der größte Teil der Mental Load, also der Denkarbeit, die nötig ist, damit der Alltag funktioniert, trotzdem bei der Frau liegt: *Passen dem Sohn die Winterstiefel noch, wenn es jetzt kälter wird? Kann die Tochter die Geburtstagseinladung der Freundin annehmen, muss dafür der Logopädie-Termin abgesagt werden? Ist bei den Kuchen für das Schulfest der Zwillinge auch etwas für die vegane Freundin und den Freund mit Glutenintoleranz dabei?* Diese mentale Leistung, die täglich neben allem anderen erbracht werden muss, kann zu einer enormen Belastung werden, auch wenn sie unsichtbar bleibt. Wie sollen Frauen da noch eigene Interessen verfolgen? Wie sollen Sie ihre Talente entfalten, ihre Träume verwirklichen?

Ja, es hat sich vieles bewegt während der Zeit meines Lebens, erstaunlich viel, erfreulich viel. Aber doch immer noch nicht genug. Wir brauchen nicht nur ein freiheitliches Rollenverständnis, wir brauchen auch Strukturen, die Frauen entlasten und ihnen Räume für sich selbst bieten. Lassen Sie uns daran arbeiten, dass sich noch mehr bewegt, damit bald alle den Mut haben dürfen, das zu tun, was sie wirklich wollen.

KIRSTEN BOIE, geboren 1950 in Hamburg, ist eine der bedeutendsten und vielseitigsten deutschsprachigen Kinder- und Jugendbuchautor:innen. Ihr Werk umfasst weit über hundert Bücher, die häufig vertont, verfilmt, in viele Sprachen übersetzt und mit zahlreichen Preisen ausgezeichnet wurden. Für ihr Gesamtwerk erhielt Kirsten Boie den Deutschen Jugendliteraturpreis und den Großen Preis der deutschen Akademie für Kinder- und Jugendliteratur. 2011 wurde ihr das Bundesverdienstkreuz 1. Klasse verliehen, 2019 die Hamburger Ehrenbürgerwürde. Kirsten Boie engagiert sich intensiv für Kinder und für Leseförderung; 2015 gründete sie gemeinsam mit ihrem Mann die Möwenweg-Stiftung für ein Kinder-Hilfsprojekt in eSwatini.